Liebe Mütter, liebe Väter, liebe Omas,
liebe Opas, liebe Tanten, liebe Onkel,
liebe Lehrerinnen und Lehrer!

Mit diesem Buch aus dem G&G Lesezug bieten Sie Ihrem
Kind eine spannende Geschichte, kombiniert mit
altersgerechtem Sachwissen.
Das besondere Konzept: Nach dem Erzähltext, der so aufgebaut ist,
dass links der Text und rechts ein Comic mit Sprechblasen mit dem-
selben Inhalt steht, folgt der lesefreundlich gestaltete Sachteil, der
mit einem spannenden Quiz abschließt.
So kann Ihr Kind entscheiden, ob es zuerst den Sachteil
mit abschließendem Wissensquiz durchgeht oder das Comic
anschaut oder die Geschichte liest.

Im Volksschulalter beginnen sich viele Kinder für ganz bestimmte
Themen zu interessieren. Spätestens jetzt entwickeln sie so etwas
wie ihr erstes „Hobby". Sie überraschen uns mit unglaublichem
Detailwissen und werden nicht müde, ihr „Spezialgebiet"
zu erforschen. Während sie bisher in Sachbüchern mehr oder
weniger planlos geschmökert haben, nutzen sie diese nun,
um sich bewusst Wissen anzueignen.
Stellen Sie Ihrem Kind Sachbücher zur Verfügung und unterstützen
Sie dadurch seinen Wissensdrang!

Wir wünschen Ihren wissensdurstigen Kindern viel Freude beim
Lesen!

Ihr G&G Verlag
Lesepädagogisches
Lektorat

Gabriele Rittig

Alles über
Ritter

Mit Illustrationen von
Stefan Torrreiter

G&G

Begleitmaterial zu diesem Buch finden Sie unter www.lesezug.at zum Gratis-Download!

www.ggverlag.at

ISBN 978-3-7074-1592-6

In der aktuell gültigen Rechtschreibung

1. Auflage 2013

Illustrationen + Comic: Stefan Torreiter

Gesamtherstellung: Imprint, Ljubljana

Inhalt

Das Leseabenteuer

Ritter Tollpatsch

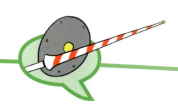

Sir Balduin von Gollping ist der tollpatschigste Ritter, den man sich vorstellen kann. Ich muss es wissen, denn ich bin sein Knappe. Mein Name ist Edmund, aber mein Herr nennt mich Eddi. Wie es kam, dass Sir Balduin trotzdem ein Held und vom König dafür reich belohnt wurde, möchte ich hier niederschreiben.

Sehr früh am Morgen eines sonnigen Frühlingstages weckte mich ein Stallbursche und sagte mir, dass Sir Balduin mich sprechen wolle.

„Nanu?", dachte ich. „So früh am Morgen ist Sir Balduin doch sonst nicht munter."

Ich beeilte mich, in die große Halle zu kommen, wo Sir Balduin tatsächlich schon an der großen Tafel saß und sein Frühstück aß.

„Ha, Morgenstund´ hat Gold im Mund", rief mein Herr, als er mich sah, und holte schwungvoll mit dem Löffel aus. Gerade noch rechtzeitig konnte ich vor dem Löffel in Deckung gehen, ehe er hinter mir klirrend an die Wand flog.

„Hoppla", meinte Sir Balduin lachend. Ich hob den Löffel auf und reichte ihn meinem Herrn wieder. „Ihr wolltet mich sprechen?", sagte ich und verbeugte mich höflich.

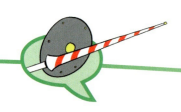

Ein wenig zerstreut kratzte sich Sir Balduin am Kopf, ehe
er sagte: „Ach ja, jetzt weiß ich es wieder. Ich bin zum großen Turnier am Königshof eingeladen. Pack meine Rüstung
und meine Waffen zusammen, Eddi. Wir brechen gegen
Mittag auf." Ich war so aufgeregt, wie man es sich kaum
vorstellen kann. Endlich, mein erstes Turnier! Vielleicht durfte
ich ja selbst teilnehmen. Ich nahm mir vor, Sir Balduin genau
danach zu fragen.

Den ganzen Vormittag über verbrachte ich damit, die Rüstung
meines Herrn zu polieren, sein Schwert einzufetten und die
Lanzen zusammenzutragen, die Sir Balduin im Turnier ver-
wenden würde. Thomas, der Stallbursche, half mir dabei.
„Pass bloß auf, dass er diesmal den richtigen Weg ein-
schlägt", sagte er grinsend, während er Arktos, Sir Balduins
weißes Schlachtross, striegelte. Ich fand das gar nicht lustig.
Das letzte Mal hatten wir das Turnier nämlich verpasst, weil
Sir Balduin den falschen Weg eingeschlagen hatte.
„Den Weg zur Königsburg werden wir schon finden", sagte
ich daher, während ich die Gurte des Packpferdes überprüfte.
Ich nahm mir aber vor, diesmal besser aufzupassen.

Dann war es endlich so weit. Die Sonne stand bereits hoch am Himmel, als Sir Balduin den Hof betrat. Eilig lief ich ihm entgegen und konnte gerade noch verhindern, dass er über die beiden Hunde stolperte, die sich dort um einen Knochen balgten.

„Danke, Eddi, was würde ich bloß ohne dich tun?", sagte er vergnügt. Ich nickte nur bescheiden. Dann half ich meinem Herrn in den Sattel seines Pferdes. Obwohl Sir Balduin einen kugelrunden Bauch hatte, war er ein stattlicher Ritter. Er hatte das Kettenhemd angelegt und darüber trug er den Waffenrock, der sein Familienwappen zeigte: einen roten Bären auf gelbem Hintergrund. Ich war stolz, neben meinem Herrn zu reiten, auch wenn ich alle Hände voll zu tun hatte, das Packpferd neben mir herzuführen.

„Freust du dich schon?", fragte Sir Balduin, als wir bereits eine Weile geritten waren. Ich nickte. Ich war noch nie zuvor auf der Königsburg gewesen, und das Turnier, an dem wir teilnehmen würden, war im ganzen Land bekannt.

Wir ritten eben an einem Bach entlang, als die Königsburg am späten Nachmittag in Sichtweite kam.

15

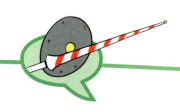

Übermütig gab Sir Balduin seinem Pferd die Sporen und galoppierte los. Dabei drehte er sich im Sattel um und rief: „Siehst du, Eddi, da vorne ist die Burg!"

„Vorsicht, der Ast", wollte ich noch rufen, aber da war es schon zu spät. Sir Balduin hatte einen sehr tief hängenden Ast übersehen und war hineingeritten. Es krachte gewaltig, als er aus dem Sattel stürzte und den Abhang in Richtung Bach hinunterkullerte. Ich sprang augenblicklich aus dem Sattel und konnte ihn gerade noch erreichen, bevor er tatsächlich in den Bach gefallen wäre.

„Habt Ihr Euch wehgetan?", fragte ich besorgt und half meinem Herrn wieder auf die Beine.

„Nein, nur schmutzig gemacht", gab Sir Balduin zur Antwort. Arktos war in der Zwischenzeit wieder umgekehrt, als er gemerkt hatte, dass sein Reiter nicht mehr im Sattel saß. Schnaubend stand er neben Sir Balduin. Hätte ich es nicht besser gewusst, ich hätte gesagt, das Pferd lachte ihn aus. Als wir dann endlich das Tor passierten und die gewaltigen Burgmauern hinter uns gelassen hatten, war der kleine Zwischenfall am Bach längst vergessen.

Ich wusste gar nicht, wo ich zuerst hinschauen sollte. So viele Menschen auf einem Fleck hatte ich noch nie gesehen.

Händler boten ihre Waren an, Frauen in edlen Gewändern, wie sie auch meine Herrin manchmal trägt, schlenderten von Stand zu Stand und Kinder balgten sich mit den Jagdhunden des Königs. Neben dem Turnierplatz war eine ganze Zeltstadt entstanden. Vor jedem Zelt wehte die Fahne des jeweiligen Ritters.

Wir hatten die Zeltstadt noch nicht erreicht, als mir zwei junge Damen auffielen, die kichernd die Köpfe zusammensteckten und in unsere Richtung blickten. Eine von den beiden, ihr Name war Elisabeth, wie ich später erfahren sollte, war besonders hübsch. Ich wünschte, ich hätte einen Helm wie Sir Balduin getragen, denn ich wurde rot.

Am Abend wurde ein großes Fest gefeiert, und auch Sir Balduin nahm daran teil. Er saß ganz in der Nähe des Königs, während ich mich am unteren Ende der Tafel zu den anderen Knappen gesellte. Auch Lady Elisabeth war da. Einmal lächelte sie mir sogar zu. Ich nahm mir ganz fest vor, sie mit meiner Reitkunst am nächsten Tag zu beeindrucken. Vielleicht würde ich ihr sogar ein Minnelied dichten.

Aber dazu würde ich die Hilfe Sir Balduins benötigen.

Er war zwar ein lausig schlechter Reiter, aber dichten konnte er wie kein anderer.

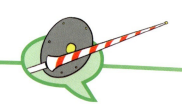

Zum Glück passierte meinem Herrn an diesem Tag kein
weiteres Missgeschick, und so ging ich bald beruhigt schlafen.
Ich wollte am nächsten Tag ausgeruht sein. Schlafen konnte
ich aber trotzdem nicht, weil mir Lady Elisabeth im Kopf
herumspukte. So machte ich einen nächtlichen Spaziergang.
Und da sah ich sie. Zwei Gestalten, die in einer dunklen Ecke
miteinander sprachen. Ich sollte nicht lauschen. Das gehört
sich nicht für einen angehenden Ritter. Aber die beiden
benahmen sich so verdächtig, dass ich vorsichtig näher schlich.
Leider konnte ich nichts hören, aber dafür sehen. Ein Geld-
beutel wechselte seinen Besitzer. Dann trennten sich die
beiden. Ich beschloss, Sir Balduin am nächsten Morgen
davon zu erzählen, und legte mich wieder schlafen. Aber
am nächsten Morgen war so viel zu tun, dass ich die beiden
Gestalten völlig vergaß. Und dann brachte mir mein Herr
eine schlechte Nachricht.
„Es tut mir sehr leid, Eddi, aber du kannst dieses Mal nicht
am Turnier teilnehmen", sagte er mit bekümmerter Miene.
„Vielleicht das nächste Mal."
Im ersten Moment war ich fürchterlich enttäuscht. Aber dann
erinnerte ich mich an die Tugenden eines Ritters. Er musste
geduldig sein können.

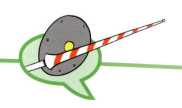

Also würde ich bis zum nächsten Turnier warten. Jetzt aber musste ich Ritter Balduin dabei helfen, sich fürs Turnier fertig zu machen. Das schwere Kettenhemd über seinen Bauch zu ziehen war gar nicht so einfach. Schließlich schafften wir es aber mit vereinten Kräften. Als er dann ganz in seine Eisenrüstung gekleidet war, zupfte ich noch den Waffenrock zurecht, während Sir Balduin versuchte, sich die Kettenhandschuhe anzuziehen. Ich konnte gerade noch den Fuß wegziehen, ehe einer der schweren Handschuhe auf meinen Zehen gelandet war.

„Hoppla", sagte Sir Balduin. „Die sind aber rutschig. Da hast du dich bestimmt beim Einölen der Ketten besonders bemüht." Ich nickte nur, gab aber sehr acht, als ich Sir Balduin aufs Pferd half. Als er sicher im Sattel saß, reichte ich ihm Schild und Lanze. Stolz ging ich neben ihm zum Turnierplatz. Lauter Jubel drang an mein Ohr, weil Sir Garvin, der geschickteste Ritter des Königs, seinen Gegner eben aus dem Sattel gestoßen hatte. Ich schluckte. Mein Herr sollte als Nächster gegen Sir Garvin antreten. Aber Sir Balduin schien gar keine Angst zu haben. Lächelnd blickte er zur Tribüne, als er dort etwas entdeckte.

23

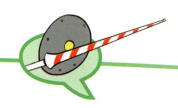

„Siehst du, Eddi, dort drüben sitzt Lady Elisabeth", sagte er und zwinkerte mir zu. Ich konnte gerade noch rechtzeitig in Deckung gehen, damit mich nicht die Lanze traf, mit der Sir Balduin in ihre Richtung gedeutet hatte. Als ich mich wieder aufrichtete, sah auch ich zur Tribüne. Tatsächlich, dort saß Lady Elisabeth in der Nähe des Königs. Aber dann entdeckte ich etwas, das mich ablenkte. Ein Mann mit gezogenem Dolch schlich sich an den König heran. Es war einer der Männer, die ich in der Nacht gesehen hatte. Da war ich mir ganz sicher.

„Achtung!", rief ich und lief winkend auf die Tribüne zu. Ich musste den König warnen. Das Schlachtross meines Herrn stieg erschrocken und galoppierte los.

„Was? Wo?" Sir Balduins Helm verrutschte, sodass er nicht sehen konnte, wo er hinritt. Er schaffte es gerade noch, die Lanze hochzureißen und nicht aus dem Sattel zu fallen, während Arktos wild schnaubend auf die Tribüne zudonnerte und nur knapp davor plötzlich stehen blieb. Sir Balduin flog im hohen Bogen über den Kopf seines Pferdes und landete auf der Tribüne. Die Spitze seiner Lanze aber krachte dem Mann auf den Kopf, der den König fast erreicht hatte.

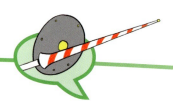

Der Dolch fiel dem Attentäter aus der Hand und landete vor dem König. So schnell mich meine Füße tragen konnten, eilte ich an die Seite meines Herrn, um ihm wieder auf die Beine zu helfen.

„Hast du gesehen, Eddi, das nenn ich einen Treffer", sagte Sir Balduin und richtete seinen Helm wieder so zurecht, dass er etwas sehen konnte. Der König war uns sehr dankbar, denn wir hatten ihm das Leben gerettet. Und so kam es, dass die tapfere Tat Ritter Balduins bald im ganzen Land bekannt wurde. Sir Balduin wurde vom König reich belohnt, und auch ich ging nicht leer aus. Weit vor meinem einundzwanzigsten Lebensjahr wurde ich zum Ritter geschlagen und von da an durfte ich an jedem Turnier teilnehmen.

ENDE

Als Ritter bezeichnet man die schwer gerüsteten, berittenen Krieger des Mittelalters. Ritter waren meistens Adelige, die für ihren Lehnsherrn oder König in den Kampf zogen. Während des gesamten Mittelalters kämpften Ritter in unzähligen Schlachten in Europa und im damals sogenannten Heiligen Land. Aber Tapferkeit in der Schlacht alleine reichte nicht aus, um ein wahrer Ritter zu sein. Ein Ritter musste viele gute Eigenschaften haben.

Wer waren die Ritter?

Was von einem Ritter erwartet wird

Weil Ritter eher von vornehmer Herkunft sind, werden sie auch nach festen Regeln erzogen. Es wird von einem Ritter erwartet, dass er seinem Lehnsherrn und seinem König treu ergeben ist. Der Ritter soll immer freundlich und höflich sein.

Er soll sich Bedürftigen gegenüber großzügig verhalten und seine Hilfe anbieten, wo immer sie gebraucht wird. Im Kampf ist sein Mut und seine Disziplin gefragt. Einen Streit fair auszutragen ist ein ritterliches Gebot. Im Kampf stellt er sich Mann gegen Mann.

Seinen Gegner in einen Hinterhalt zu locken, würde er als unehrenhaft empfinden. Auch in Gesellschaft von Frauen gelten für ihn strenge Regeln. So muss ein Ritter höfische Umgangsformen beherrschen und tanzen können. Wenn er ein begabter Dichter ist, wird er versuchen, die Dame seines Herzens mit einem Minnelied zu beeindrucken.

Leider gibt es aber auch unter den Rittern schwarze Schafe, die es mit den ritterlichen Tugenden nicht so ernst nehmen.

Früh übt sich, wer Ritter werden will

Mit sieben Jahren beginnt der Ernst des Lebens für den angehenden Ritter. Er verlässt die Obhut seiner Mutter und tritt in die harte Welt der Männer ein. Schon als Page muss er eine Menge lernen. Schwertkampf kommt allerdings erst später dran. Er lernt vor allem Reiten, Bogenschießen, Jagen und den Faustkampf. Schließlich muss er sich ja irgendwie verteidigen können.

Diese Fertigkeiten erlernt er meistens unter der
Aufsicht seines Vaters, seines älteren Bruders oder
eines Ritters seines Vaters. Bei Festlichkeiten muss
der Page an der Tafel bedienen. So sammelt er erste
Erfahrungen mit den höfischen Umgangsformen.
Danach geht's aber wieder ab in den Stall. Denn
auch den Umgang mit den Pferden muss er lernen.

Vom Pagen zum Knappen

Mit vierzehn Jahren wird aus dem Pagen ein Knappe. Spätestens jetzt verlässt er sein Elternhaus. Im Dienste eines anderen Ritters übt er sich nun im Umgang mit der Lanze, dem Schwert oder dem Streitkolben. Aber nicht nur das Kämpfen will geübt sein. Auch seine Umgangsformen sollte der Knappe in dieser Zeit verfeinern. Tischmanieren, Tanzen oder das Brettspiel zu beherrschen gehört ebenso zur Ausbildung. Schließlich will man ja den Damen imponieren.

Obwohl er noch kein Ritter ist, kann es für ihn trotzdem schon gefährlich werden. Als Schildknappe begleitet er seinen Herrn auf Turniere oder gar in die Schlacht. Dabei hilft er seinem Herrn beim Anlegen der Rüstung, kümmert sich um dessen Waffen und dessen Schlachtross. Vielleicht darf er, mit Schild und Kurzschwert gerüstet, sogar selbst schon an einem Turnier teilnehmen.

Endlich: der Ritterschlag

Der Knappe ist nun ungefähr einundzwanzig Jahre alt. Er hat gelernt, sich wie ein Ritter zu benehmen und zu kämpfen. Nun fehlt ihm nur noch eines, der Ritterschlag. Am Abend vor der sogenannten Schwertleite nimmt er ein rituelles Bad, nicht nur damit er sauber wird. Er soll sich dabei von den Sünden, die er vielleicht begangen hat, reinwaschen. Danach verbringt er die Nacht betend vor dem Altar, bis am nächsten Morgen die Messe beginnt.

In festliches Gewand gekleidet, steht er dann in Anwesenheit aller Ritter vor seinem Herrn, von dem ihm Waffen und Sporen überreicht werden. Nun ist er endlich ein Ritter. Das wird danach zumeist auch ordentlich gefeiert. So mancher Knappe erhält den Ritterschlag auch knapp vor einer Schlacht. Das soll seine Kampfmoral stärken.

Rüstung und Waffen

Im Laufe der Zeit haben sich die Ritterrüstungen sehr verändert. Ist der Ritter am Beginn des 11. Jahrhunderts noch mit Kettenhemd, Kettenhaube und Spangenhelm gerüstet, so trägt er bereits einhundert Jahre später einen Topfhelm, der das Gesicht verdeckt. Alleine das Kettenhemd wog ungefähr zwanzig Kilo. Auf Schild, Waffenrock und Pferdedecke trägt er ein Wappen als Erkennungszeichen. Ab dem späten 14. Jahrhundert ist er dann bereits vollkommen in Eisen gekleidet.

Er trägt eine sogenannte Plattenrüstung. Die ist so schwer, dass er damit nicht einmal aus eigener Kraft aufs Pferd steigen kann. Oft muss er mit einer Seilwinde in den Sattel gehoben werden. Seine bevorzugten Waffen sind Schlag- und Stoßwaffen. Neben dem Schwert und der Lanze führt ein Ritter zumeist noch eine schwere Streitaxt oder einen Streitkolben mit, also Waffen, die verheerenden Schaden anrichten können.

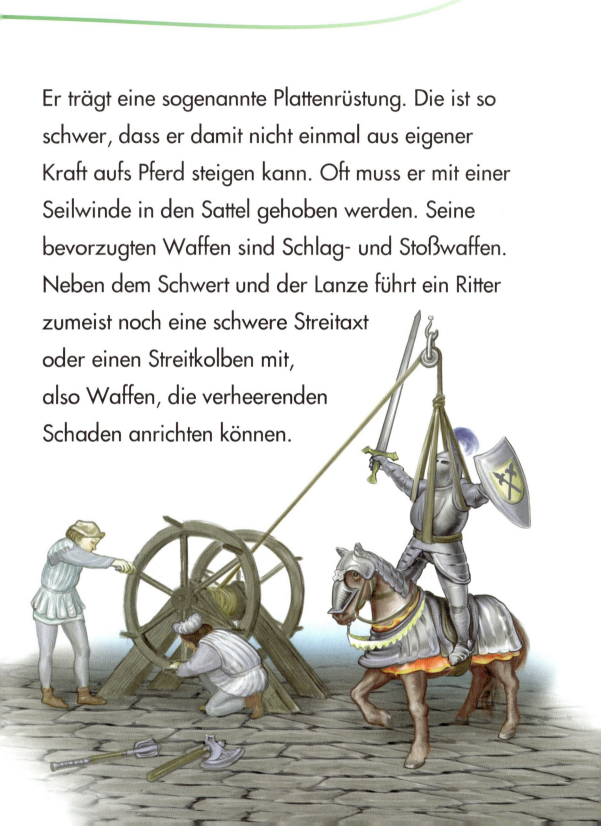

Ritter und ihre Pferde

Im Kampf oder im Turnier reitet der Ritter auf seinem Schlachtross. Ein Schlachtross auszubilden dauert sehr lang und ist sehr aufwändig. In der Schlacht muss es ohne zu scheuen in die gegnerischen Reihen reiten und dabei das Gewicht des gerüsteten Ritters tragen.

Auch das Pferd selbst ist oft in Eisen gekleidet.

Wohlhabende Ritter haben mehrere Schlachtrösser.

Übrigens: Besonders erfolgreiche Schlachtrösser
werden wie ihre tapferen Reiter
in Liedern besungen.

Wie ein Ritter wohnt

Die meisten Ritter leben auf dem Land, das sie von ihrem Dienstherrn als Lehen bekommen haben. Die Häuser dieser Ritter sind meistens aus Stein, im Gegensatz zu den aus Holz errichteten Häusern der Bauern. Nur wenige, sehr wohlhabende Ritter besitzen eine eigene Burg, denn die Erhaltung einer Burg ist teuer. Ritter ohne Vermögen oder Landbesitz leben oft als Angestellte ihres Dienstherrn auf der Burg und arbeiten dort zum Beispiel als Verwalter oder Waffenmeister.

Turniere

Bei Turnieren zeigen Ritter und Knappen ihre
Geschicklichkeit vor einem begeisterten Publikum.
Es gibt verschiedene Arten von Turnieren, bei denen
es oft ganz schön rau zugeht. Der Buhurt zum
Beispiel ist ein Massenkampf, bei dem zwei gleich
große Gruppen gegeneinander mit stumpfen
Waffen kämpfen. Bei der Turnei wird auf einem
kleineren Turnierfeld mit stumpfen Lanzen gekämpft.

Die bekannteste Art des Turniers ist der Tjost. Bei diesem Lanzenstechen versuchen sich die Turnierkämpfer gegenseitig aus dem Sattel zu stoßen. Bleiben beide Gegner über mehrere Runden im Sattel, muss danach oft mit dem Schwert weitergekämpft werden.

Ritter von heute

Obwohl es seit dem 16. Jahrhundert keine Ritter mehr gibt, haben manche Werte, nach denen ein wahrer Ritter gelebt hat, bis heute Gültigkeit. Ritter von heute sind diejenigen, die sich für Schwächere einsetzen und ihnen zur Seite stehen.

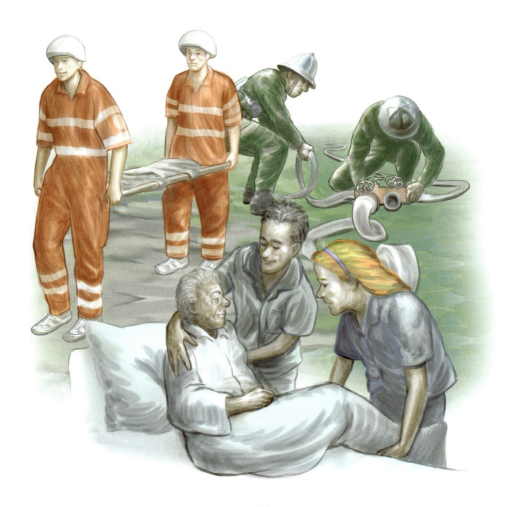

Wer in die Welt der Ritter hineinschnuppern möchte, kann das auf Mittelaltermärkten und bei Ritterspielen tun, die es mittlerweile wieder in großer Zahl gibt.

Das Wissensquiz

1. Wie nennt man die erste Stufe auf der Ausbildungsleiter zum Ritter?

a) Stallbursche

b) Page

c) Knappe

2. Wie nennt man den Ritterschlag noch?

a) Schwertleite

b) Schwertschlag

c) Ritterhau

3. Was ist die bevorzugte Waffe eines Ritters im Turnier?

a) Schwert

b) Streitkolben

c) Lanze

4. Der Helm, den Ritter ab dem 12. Jahrhundert trugen, hieß:

a) Spangenhelm

b) Topfhelm

c) Schaller

5. Wie viel Kilo wog ein Kettenhemd?

a) ca. 3 Kilo

b) ca. 10 Kilo

c) ca. 20 Kilo

6. Wie hieß das Pferd, mit dem der Ritter in die Schlacht zog?

a) Packpferd

b) Klepper

c) Schlachtross

Lösungen: 1b, 2a, 3c, 4b, 5c, 6c

Der G&G-Lesezug

Bücher aus der Serie „Lesezug"

ISBN 978-3-7074-1571-1
3. Klasse, ab 7/8 Jahren

ISBN 978-3-7074-1489-9
3. Klasse, ab 7/8 Jahren

ISBN 978-3-7074-1297-0
3. Klasse, ab 7/8 Jahren

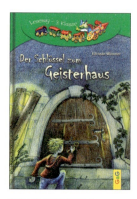

ISBN 978-3-7074-0354-1
3. Klasse, ab 7/8 Jahren

ISBN 978-3-7074-0348-0
3. Klasse, ab 7/8 Jahren

ISBN 978-3-7074-1578-0
3. Klasse, ab 7/8 Jahren

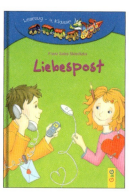

ISBN 978-3-7074-0351-0
4. Klasse, ab 8/9 Jahren

ISBN 978-3-7074-0350-3
4. Klasse, ab 8/9 Jahren

„Lesezug-Profi"

ISBN 978-3-7074-0389-3
4. Klasse, ab 8/9 Jahren

ISBN 978-3-7074-1490-5
4. Klasse, ab 8/9 Jahren

ISBN 978-3-7074-1341-0
4. Klasse, ab 8/9 Jahren

ISBN 978-3-7074-1388-5
4. Klasse, ab 8/9 Jahren

Alles über ...
Spezialthemen

... ein Sach-Comic-Lese-Buch über das
WELTALL

ISBN 978-3-7074-1283-3
3. Klasse, ab 7/8 Jahren

... ein Sach-Comic-Lese-Buch über
AUTOS

ISBN 978-3-7074-1370-0
3. Klasse, ab 7/8 Jahren

Alles über
Flugzeuge

ISBN 978-3-7074-1579-7
3. Klasse, ab 7/8 Jahren

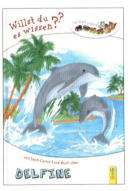

... ein Sach-Comic-Lese-Buch über
DELFINE

ISBN 978-3-7074-1282-6
3. Klasse, ab 7/8 Jahren

... ein Sach-Comic-Lese-Buch über
DINOSAURIER

ISBN 978-3-7074-1182-9
3. Klasse, ab 7/8 Jahren

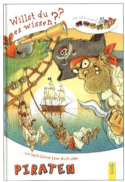

... ein Sach-Comic-Lese-Buch über
PIRATEN

ISBN 978-3-7074-1447-9
3. Klasse, ab 7/8 Jahren

... ein Sach-Comic-Lese-Buch über
PFERDE

ISBN 978-3-7074-1183-6
3. Klasse, ab 7/8 Jahren

... ein Sach-Comic-Lese-Buch über
PRINZESSINNEN

ISBN 978-3-7074-1220-8
3. Klasse, ab 7/8 Jahren

... ein Sach-Comic-Lese-Buch über
HEXEN

ISBN 978-3-7074-1340-3
3. Klasse, ab 7/8 Jahren